JN439609

버려진다는 것

국립중앙도서관 출판예정도서목록(CIP)

버려진다는 것 : 애지문학회편 / 지은이: 유계자 외. -- 대
전 : 지혜, 2017
p. ; cm. -- (지혜사랑 ; 166)

ISBN 979-11-5728-224-1 03810 : ₩9000

한국 현대시[韓國現代詩]

811.7-KDC6
895.715-DDC23 CIP2017006544

지혜사랑 166

버려진다는 것

유계자 외

지혜

| 애지문학회 제11집 |

『버려진다는것』을 펴내면서

앞 물은 항상 뒤의 물살에 의해 앞으로 나아간다.
변죽에서 울린 소리는 중심부로 향하고
강가의 얼음은 가장자리부터 얼어 깊은 곳으로 옮겨간다.
시인 이상이 1인의 아해부터 13인의 아해까지
도로를 질주하게 만든 이후,
애지에 이르러서야 11인의 아해로 태어난다.
그러나 11인의 아해도 곧 다시 버려진다.
버려진다는 것은 누군가의 사랑으로부터 빚을 졌다는 의미다.
시는 버려지고 빚지는 것에서부터 비롯된다.
그래서 늘 고통과 아픔을 동반한다.
이것이 시인의 운명이다.
여기 사랑에 빚지고 아픈 상처를 가진 시인들이
도로를 질주하면서 다시 버려진다.

2017년 봄날에

차례

이돈형

이현채

이희은

임덕기

장효종

정선아

• 일러두기
한 연이 첫 번째 행에서 시작될 때는 > 로 표시합니다.

애지문학회

강서완, 강정이, 곽성숙, 권혁재, 김군길

김명이, 김바다, 김은정, 김이경, 김정원

김지요, 김학조, 김혁분, 김현식, 남상진

류 현, 박은주, 박정옥, 백승자, 안영민

유계자, 유안나, 이규호, 이돈형, 이현채

이희은, 임덕기, 장효종, 정선아, 조성례

조영심, 조옥엽, 하우림, 현상연, 황경숙

고전적인 불볕 외 2편

강서완

그러면 칸나는

줄 없는 기타로 어떤 색을 노래할까?

슬픔을 쏟아낸 살결처럼
어둠은 빛의 내면을 찾아가는 것

몸으로 말해야 할 때
삶은 가장 단순해진다

날아오른 무용수가 몸을 펼치듯
더위를 껴안은 칸나는
팔다리와 웃음이 복원된 토르소다

헝클어진 빨강, 폐기된 사물, 허공의 바리케이드, 과거의 해독에 골몰한

폐허를 밤이슬에 씻던

칸나,

발톱에 동여맨 붉은 노래, 부르튼 잎들이 지런지런

쏟아지는 역광을 끌어안는다

문을 열자 정숙한 의자가 있다

정숙은 평등인가 권력인가 계절에 약한 정숙 후광으로 단단해진 위엄 거푸집에 맞추는 저울 때때로 불의는 의로운 얼굴이다 의자는 항상 정의로운가?

햇살이 닿기에는
너무 먼 의자

아침이면 다시 자유가 꼬인다 널린 그림자를 바라본다

시퍼런 피를 쏟고 성장한 자유

저기 버려진 의자는 누구의 심장인가?

안전핀 없는 구름

불안은 보이지 않는
폭탄,
어둠이 키운
붉은 구름은 심장에 가시가 있지
통증을 숨긴
구름

내진은 점점 희미해지지
대책 없는 테이블 위
한여름 더위 같은
침묵이 가만가만 누르는
백색 소음

구름서핑마저 시든
커피 잔을 들고
햇빛이 불편한
얼굴 없는 얼굴은
태연히 넥타이를 고쳐 매지

비둘기 무리를 곁눈질하는
바닥에 기울어진
그림자를 지우고

>

하루에도 수십 번 들끓는
바위섬
청춘이 지진인
섬들

안주머니 이력서를 깨우는
아침이 지구를 흔들며
오고 있어
소파에 비스듬히 기운
저녁마저 진동하지

몇 날이고 계속되는
여진,
지평선 흔들리는
어둠은
마음 하나 눕힐 곳 없는
민달팽이

길을 지우는
소리 없는 소리에
뚫어진
별빛 한 장 덮는

붉은

공허,

강서완 | 경기 안성 출생 | 동아대학교 경영대학원 졸업 | 2008년 『애지』로 등단 | 시집 『서랍마다 별』 |
이메일 may-kbl@hanmail.net

뒤안길 외 1편

강정이

머리 뚜껑 잘려나간 마네킹이
거리에 나와 있다
꽃잎만 먹는 척 이슬만 먹는 척
손톱에 때 끼지 않는 척
톡톡 물방울 털어내더니
삭은 내장을 바람에 버무리며
알몸으로 서 있다
내가 걸친 쉬폰원피스는
저 마네킹이 입혀준 것인데
치맛자락은 양귀비꽃처럼 나부끼는데
河伯의 딸인 척 백조인 척
그 척 훌렁 벗어던지고
나도 속은 문드러졌다며
마네킹 손 잡고 서 있어야 하나
가던 길 그냥 가야 하나

지금, 여기

숟가락이 없어졌다
지구명단에서 내 이름이 사라졌다
금수저 흙수저 아무러면 어떤가
호랑이 등을 타든 마녀사냥을 하든
이 모두 밥 한 술 힘인데
나를 있게 한 숟가락이 사라졌다
당연하다고 여긴 내 그림자가 사라졌다

님과 함께 한 불꽃놀이
젊은 날의 불꽃시위도
하얗게 사라졌다
사라진 나를 보는 나는 지금 어디에 있나

불가사의하다

강정이 1994년 《경남신문》 신춘문예 '수필부문' 당선 | 2004년 『애지』로 등단 | 시집 『꽃똥』 | 이메일
kangjungii@hanmail.net

겨울 환벽당 외 1편

곽성숙

‘푸르름이 두른 집’,
환벽당*을 풀어보는 이 말, 좋아서
몇 해가 되도록 오고 또 왔건만
여지껏 그 이름값을 몰랐다
나, 이 겨울 환벽당에 와서
비로소 무릎을 친다
봄에는 홍매에,
여름엔 꽃무릇에,
가을엔 스산한 내 기분에
눈을 빼앗겼구나
모두 다, 오던 곳으로 보내고
저만 혼자 발가벗고 남으니
비로소 이름값하는 겨울 환벽당을 본다
모든 것 다 내려놓고 오니
이토록 환하고 푸르른 것을
내가 가리고 네 탓을 하였구나

아하, 그랬구나!

아직 제 마음 찾지 못한 사람아,
겨울 환벽당으로 가라
푸르름 둘러친 환벽당 서늘함이

대숲에서 나와 스민다.

* 환벽당環碧堂 : 무등산 자락인 광주호 상류 창계천가의 충효동 쪽 언덕 위에 있는 정자.

오징어 먹물로 시를 쓴다

일찍 시작한 새치머리는 아버지를 닮았다

자산이 살았던 흑산도 바닷가로,
오징어 먹물 염색을 하러 간다
검은 큰 물고기가 아가리를 벌린 흑산도에서
흰 머리결에 가닥가닥 시를 쓴다
머리카락 한 올마다 시를 쓴다

오징어 먹물로 쓴 시는 일 년쯤 지나면
그 글씨 사라지고 말테지만 그러면 나는,
200년 전 정약전과 흑산도 소년 장창래가 놀던
그 바닷물에 빠지리
새치머리에 시가 빽빽이 되살아나
오징어 먹물 빛이
살아날 때까지 잠겨 있으리
내 머리카락 올올이
까만 시가 보일 때까지 허우적대리

30년 전 아버지는,
흰머리에 무얼 쓰셨을까?

곽성숙 | 2014년 『애지』로 등단 | 시집 『날마다 결혼하는 여자』 | 이메일 kss4560@hanmail.net

청진여자 외 1편

권혁재

잘 지워지지 않는
아이라인을 그린 여자가 있다
맑은 눈을 깜박일 때마다
굵어졌다 가늘었다하는 아이라인
눈동자를 통해 펼쳐지는
북방으로 향한 길들은
바리케이드에 막혀
잘못 그려진 아이라인처럼 삐뚤다
두고 온 어머니의 눈썹을 닮은 여자
아이라인을 그리는 손짓이
어머니를 부르는 듯
북방 쪽으로 치우쳐 간다
초승달이 어머니의 눈썹으로 떠있는
적요만 가득한 새벽 밤하늘
안부를 들을 수 없는 무소식에
아이라인을 지우지 못한 채
새우잠을 자는 눈썹 고운
여자가 있다.

복무원 동무

조선족 어머니를 따라
한국으로 온 스무 살 용배씨
새아버지의 주선으로
마트에 복무한 첫 날
연변사투리에 익힌 귓가로
새처럼 날아온 비슷한 사투리가
북녘의 바람인 듯 와 닿는다
한 순간 맞춘 눈동자 너머로
두고 온 산등성이가 아득하게
떠오르는 마트의 진열대
거기도 복무원입네까
내도 복무원이요
주고받는 복무원 사이로
읽혀지지 않는 바코드가
전송되어 가는 듯
허공에 뜬 시간들이
연변사투리에 감전되어
하얗게 죽어가는 마트 안
여기도 복무원 있시유.

권혁재 | 경기도 평택 출생 | 2004년 《서울신문》 신춘문예 | 시집 『투명인간』, 『고흐의 사람들』 외 | 이메일 : doctor-khj@hanmail.net

개망초가 있는 수채화 외 1편
— 빈센트 반 고흐에게 길을 묻다

김군길

개망초 붓끝에 언젠가 휴지통에 구겨 버린 수채화의 하늘이 걸려있다

아무도 찾지 않는 오베르 여인숙 라부*처럼 혼자 울다가 웃다 팽개쳐놓은 미완성 그림이 있다 제 가슴을 치다가 가슴 조작조작 뱉어내곤 고뇌 한 쪽 마저 잘라낸 풍경이 있다

나름 혼신의 끝물까지 짜내어 그려내지만 소외된 자유로는 살아생전 인정되지 않는

필생의 역작

생각과 생각 사이를 야무지게 묶어보지만 미세먼지의 하늘 아래 제 언덕마저 시들어가는 무명의 캔버스 위에 비틀대는 그림자 또는 아픈 모든 뼈 그림자들 일어서서

개망초 붓끝마다 광기어린 눈빛 물안개로 적셔보는

불면의 열병으로 하늘 끝까지 붉게 채색해보는 그림이 있다

* 오베르의 여인숙 라부 : 파리에서 35km 떨어진 작은 마을『오베르 쉬르 와즈』에 소재하는 여인숙 이름(고흐가 최후를 보낸 장소).

투신

오늘은 찬란하게 죽어버리자고 엄동의 들판에서
어둠에 잠긴 저수지에서 구름의 실핏줄들이
뛰어내린다

한 번 쯤은 대한뉴스* 속 화려강산 만나보리라고
얼어붙은 몸일망정
온갖 서러움 다 껴안고 가야 되지 않겠냐고
뛰어내린다, 마지막 반짝임 하나까지 뛰어내린다
마침내 꿀벌스런 자유가 만발한 세상
가는 길 밝혀두자고

내가 죽어야
쪽빛으로 열리는 창공
자책의 현수막 펄럭이며, 지난 시대적 오욕을
수많은 촛불의 몸들이 뛰어내린다

이제 그만 이 세상 핏줄들은 아름다워져도
되지 않겠냐고 내가 삼킨 통증들이
목멘 합창들이
세상 속으로

깃털처럼 뛰어내린다

* 대한뉴스 : 1953년~1994년 매주 대한민국 정부가 제작하여 영화관에서 상영했던 영상 보도물.

김군길 | 전남 나주 출생 | 한국방송통신대학 졸업 | 2016년『애지』로 등단 | 이메일 : rnsrlf8007 @hanmail.net

두 개의 요일 외 1편
— 새들의 비상구

김명이

지금은
삼십 분의 사랑을 위해
삼백육십 분 끌고 오가는 길과 어둠이 있다
사한삼온 법칙을 만들고
깨져야 법칙이라지만
가파른 분분
우리는 끝끝내
밤 한쪽을 고소하게 파먹었다
바람소리 위태로워도
거침없이 태워 푸른 불꽃 냄새 가득찬 방
촛농을 모으고 다시 살랐다
때로는 거짓으로
열렬히 쓰러지는 몸
땅의 봉분 아득하게 적시는 비상의 모음들

벚나무에 아침의 눈물이 알처럼 슬어간다
여덟 시 방향으로 애벌레의 꿈을 꾸며
유리벽 난간에 무사히 닿은 길
눈에 밟혀 찬란하게
마디마디 눈을 감는다.
당신이 매끄럽게 돌아간다고 들린다

또 다른 삼경三經

시경 서경 역경이 사내의 중한 독서라 하고
니체는 피로 쓴 문학이라 하였으니
초경 월경 폐경을 겪어낸 이가 있어
그녀는 달의 몸을 받아
음력을 짓고 건사하는 동안
마침내 섭렵하게 된 궁의 문리를 트니
여인이야말로 당대 최고의 지성인이리라

김명이 | 2010년『호서문학』과『문학마을』로 등단 | 2016년 문화예술지원사업 선정 | 시집『엄마가 아팠다』,『모자의 그늘』| 이메일 bagajistar@hanmail.net

발칙한 자화상 외 1편

김바다

아담의해골

안과바깥공기가썩고있다

영생을누리고있다

수백년이수천년의손톱을뽑아들고수만년이수억년의뇌와창자를꺼집어낸다

굵은끈으로입이동여매진너는최선을다해갈라진혀를날름거린다

둘이란숫자만세지못한다

나무에매달린당나귀사내의표정을읽는중이다

대화에텍스트는없다

나는무엇의장식인가?

바리데기

스물
목에 구멍이 뚫린 나이
물과 밥알 넘기는 일이 가장 힘들다

너는 물의 고랑에 천도의 불을 붓는다
살이 타고 뼈가 녹아내린다

나는 머리칼 풀어헤치고
무쇠 신에 무쇠 지팡이 짚고 수만 리 걸어간다

허허 벌판을 휘청거리고 넘어지며 간다
찢어진 손으로 솔잎을 뜯어 먹고
차가운 바위 틈에 눈 붙이며 무인지경을 간다

(죽음에 쫓길 때마다 감각은 왼쪽으로 접어든다 익숙한 방향은 무능력하고 권태로운 좀비들의 골목 왼쪽의 왼쪽을 돌아 다시 왼쪽에 몰두해가면 외면당한 오른 쪽들의 왼쪽에 되쫓기게 된다 뜨거운 재를 뒤집어 쓴 온 몸 깊은 화상을 입고 망각을 더듬어 가장 선명한 얼굴을 찾아내야 하는데 오른쪽으로만 달아나는 얼굴을 붙들어야 하지만 왼쪽에서 오른쪽으로만 갈망하는 일은 오른 손이 모르는 일이 아니기에 결국 들킬 수밖에 없다 오른 쪽을 철저히 외면하고자 했던 처음의 결의를 왼

쪽의 트랙만을 돌다 잊어버리고 싶다 해도 다시 왼쪽의 왼쪽과 오른쪽이 두 팔을 벌리고 나타나는 바람에 곳곳은 지뢰가 묻혀 있다)

왼쪽은 날아간 발목들이 그은 핏자국
어떤 물로도 씻을 수 없는 단말마가
팔 다리 눈 목 없는 귀신 목구멍 밖으로 넘쳐난다

(그림자보다 더 어둡고 짙은 몸이여 기교없이 방치된 두 발, 빛과 어둠 어느 것이 더 角에 가까운가 홀로 잘 닳아가는 프로펠러를 달고 상처입은 짐승이 내달리는 것을 막을 자는 없다 살면서도 살아본 적 없는 세상과 그런 식의 꿈 오늘이 아니어서 서성거리는 말 죽을 만큼 노력한다면 다른 자세로 종결될 수도 있는 것이다)

저주받은 나무에서 기름의 아들이 열리고
망망대해에서 건진 연꽃에서 심청이 일어선다

(여기는 쉽게 적응할 수 있는 환경이 아니다 나눌 수 있는 항변이란 오직 소속 불명 처음부터 거짓인 그림자)

앞모습은 남자이나 뒤태는 여자라

무장승과 혼인해 일곱 아들을 낳고
황천강 지나 집으로 돌아간다

상여는 멈추어라
죽어 썩어진 몸에 종이꽃을 바치려니

누구의 입 밖으로 나온 적 없는 말로 꽃을 접어
흩어진 살과 혼령을 부른다

너는 돌아와
방울과 부채를 쥐어다오

(낮과 다른 밤에 대해 좌파적으로 의심하면서 움직이지 마
네가 모르는 그림 속으로 들어가려면)

나는 칼로 벨 수 없는
금강의 발을 얻어왔다

김바다 | 경남 통영 출생 | 2011년 『애지』로 등단 | 고려대학교 영어영문학과 졸업, 명지대학교 문예창작학과 석사 수료 | 시집 『싱글』(실천문학) | 이메일 yeochu@hanmail.net

유리 바다 1 외 1편

김은정

말랑말랑한 유리가 투명해지고 있어요
당신은 주둥이가 없는 유리를 느껴보세요

새 울음소리에는 아무런 목적이 없답니다

비명을 지르며 장미와 싸우는 일이 없도록 하세요
당신을 지나가는 모든 것들을 용서하세요
무릎을 다치지 않고 이 바다를 통과하기란
노아처럼 하늘을 꿰뚫어보는 예지가 필요하겠지만
고래 뱃속에 살아낸 당신이라면
충분히 파도에서 놓여날 거예요

별들은 새들에게 길을 찾아준답니다

당신은 퇴화한 눈 비늘을 벗겨내고
겨드랑이 밑의 새벽과 마주 보세요
누가 유리의 불덩이를 보았다고요
헛소문엔 저항하지 마세요
당신이 알아차린 뒤론 어긋나버릴 일이에요

산산조각 난 채로 바다가 되어가는 유리를 바라보세요

>

어색한 유리의 말을 지나 여기까지 온 당신

거기 당신,
하늘에 비치는 당신의 일곱 머리를 만져보세요

유리 바다 2

화성, 달, 지구가 불타는 바다 뒤쪽에서 빨강, 파랑, 노랑 막대로 훽훽 솟아오를 때 구름 속의 삐삐 롱스타킹은 꽃, 나무, 뻐꾸기와 함께 휘어진 낫을 들고 쓱싹쓱싹 하늘에서 바다 뒤쪽으로 낫질을 서둘러

이것은 지구의 어린 왕자가 달의 토끼집들을 칸칸 들어올리는 하나의 방식 아니면 불타는 바다의 눈먼 물고기들이 우르릉 우르릉 동쪽, 서쪽, 북쪽 어항을 넘어서 산타 할아버지의 크나큰 손바닥으로 잠기는 마무리 단계 같은 것

딱딱한 구름들의 옆구리를 달아나와 사막에서 날개를 펴는 작은 잎들도 있어

화성의 가장 긴 바나나 기차가 구름들의 지문을 다 훑고 지나가서 태양에 흑점을 찍는다

찍짜 찍자 찍으면 울랄라 춤을 추는 삐삐 롱스타킹은 화성, 달, 지구를 바다에 빠트려놓고 그 위에다 하나씩 하나씩 유리를 놓아 불타는 바다 위에 유리를 놓고 그 위에서 살았다고 아우성

김은정 | 이메일 eunjung8520@hanmail.net

구름 노트북 외 1편

김이경

구름이 맛있어 난 구름을 먹을 때 편안해지지

내 노트북은 구름 냉장고
가끔 양털구름으로 액정을 닦아주고
얇게 찢어지는 새털구름은 그림판에 넣어두지 그러면
예술적인 작품이 나와 보기 좋은 음식이 먹기에도 좋지
노을에 젖은 구름은 날것으로 먹어야만 해
저장해두면 쓸쓸함을 머금게 되더라구
나중에 먹으면 서걱거리고 질겨져
커다란 먹구름은 1%로 축소해서 미친듯이 클릭질을 한 후 넣어두면
나중에 씹을 때 더 쫄깃해. 입 안에서 번개가 톡톡 터지는 게 별미야
몽실몽실 하얀 구름은 입 안에서 살살 녹는 단맛
파란 하늘에 기분 좋게 걸린 하얀 구름이 제일 맛있어

하얗다 못해 눈이 부신 구름을 캡처한 적이 있어
그대로 압축시켜 폴더에 저장해두려고
꽤 먹음직스러웠지만 용량이 너무 컸어
휴지통에 넣기는 아까워서 그 구름을 급히 삼키다가
체했는데 통증이 가시질 않네

>

난 매일 새로운 구름을 만나 사연도 표정도 제각각인 구름들
의미 없이 먹어댈 때도 있지만 난 음미할 수 있는 구름을 원해
시스템 종료 후에도 내 몸속엔 구름들, 그리고 또 구름들

연인들

밀어들이 끓어올라요

몸을 포갠 연인 어둠은 촉촉히 젖어들고

오감을 입술에 오롯이 모으는 남녀가 있어요
아니 없어요

그리움에 타죽을 것처럼 한 사람만을 원해요
아니 누구였는지도 몰라요

갈증을 헤집는 전희
아니 사랑이라 불리웠던 눈 먼 과거

블랙홀처럼 빨려드는 입술이 이성을 마비시켜요
아니 뱉어진 낡은 비애의 형상이에요

연인으로 마주하는 시간이 착 감겨와요
아니 걷어내고 싶은 시간이 뭉쳐있어요

천만 가지 사랑을 녹여내며
다가가는 두 입술

김이경 | 2016년 『애지』로 등단 | 고리문학회 회원 | 이메일 igyeong37@hanmail.net

부나비 외 2편

김정원

시퍼런 욕망의 불빛에 감전된
몸과 영혼,
절정의 봉우리에 우뚝 선 사랑에
완전히 녹아버린다

뜨거운 사랑이 코앞인 서늘한 죽음
서늘한 죽음이 코앞인 뜨거운 사랑

강철 같은 의지도
빙산 같은 이성도
한낱 속절없는 물거품

에로스는
죽음에 날아드는 삶의 신명나는
춤이다

해고노동자

여수횟집 식탁 위 접시에
앙상한 뼈와 머리만 남았지만
여전히
초롱같은 눈을 끔벅이는 도다리처럼

이미 잎과 삭정이 다 빠져나갔기에
매서운 북풍이 탈탈 털고 마구 구타해도
먼지 하나 나지 않고 손가락 하나 부러지지 않는
벌거벗은 겨울나무처럼

더 이상
잃을,
빼앗길,

그 아무것도 없고
호주머니마저 구멍 난,
추위가 바늘로 살을 찌르는 공장 굴뚝 우듬지에
목숨 걸고 둥지 튼
노조勞鳥위원장 까치
날개를 퍼덕이며

결사 항쟁! 투쟁, 투쟁!

저녁 강

해가 홍학의 다리 같은 임시고속도로를 낸,
바다에 민물을 수혈하는 강 하구는
바람이 우는 물결을 다리미질하고 지나간
색종이

그 푸르고 두꺼운 종이에
점자들이 볼록볼록 자맥질하며 문장을 쓴다
미끄러지듯이

손으로 만지려하면
점자들이 푸드덕 날아가 버릴 것이기에
둑에 인기척 없이 흔들림 없이 고사목 되어 서서
눈으로만 그 흘러가는 문장에 밑금을 긋고
왼쪽에서 오른쪽으로
오른쪽에서 왼쪽으로 좇아가며
여러 번 훑어보지만 도무지 해석은 잡히지 않고

다만 행간을 내 멋대로 읽은 뜻은
청둥오리들도 새끼들을 거느리고
시린 물에서 남모르게 쉼 없이 붉은 물갈퀴를 놀리며
무거운 어깨를 감당하려고 땀나게 뛰어다닌다는 것
잔잔한 삶에도 느닷없이 돌풍이 몰아치는 때가 있어서

긴장한 머리를 늘 바짝 쳐들고 물수리를 경계한다는 것

영락없이 사람 사는 모습이어서
한겨울이 차라리 따뜻하고 정겹고 가까운
풍경

바라보다
바라보다
강에서 임시고속도로가 가뭇없이 철거될 때까지
숨죽이고 빠져 있다가

갈대에게 거센 물결이 얼씬 못하게
물고기에게 세찬 바람이 들어오지 못하게
가장자리부터 살얼음이 유리를 평평히 끼워가고

모든 여백을 칠흑같이 빈틈없이 메꾼 어둠에 떠밀려
어쩔 수 없이 집으로 돌아가는
어떤 눈시울은
숯불 벌건 황토아궁이처럼 오래 뜨겁다

김정원 | 전남 담양 출생 | 2006년 『애지』 등단 | 시집, 『꽃은 바람에 흔들리며 핀다』, 『줄탁』, 『거룩한 바보』, 『환대』, 『국수는 내가 살게』 | 수주문학상 등 수상 | 한국작가회의 회원, 리얼리스트100 회원 | 한빛고 교사 | 이메일 moowi21@hanmail.net

나의 가게 외 2편

김지요

달콤함이란
아껴가며 녹이는 것이란 걸
처음 알려준.

알록달록한 사탕이 있네 색색의 불면의 밤으로 빚어놓았지 도르르 말린 귀와 말을 잃은 입술이 좌판에서 시드네 구석엔 발이 없는 새가 수북하고, 마른 조개 위로 쥐가 들락거리고 먼지가 쌓여갔네 상점 안은 늘 겨울이어서 햇빛이 힐끔 눈길을 주고 갈 뿐이었네 오지 않는 방문객을 기다리며 희미해진 은지화에 덧칠을 했지 성긴 문틈으로 저녁의 한기가 몰려오면 사탕 한 알을 주머니에 숨겨야 했어 눅눅한 어둠을 다 녹여내면 춥다거나 캄캄하다는 말들이 스르르 지워졌지 버려진 파본破本처럼 곰팡이꽃을 베고 누워 쪽잠을 잤네

가끔 봄꿈을 꾸었네

쇠락해진 가게 문을 열고 검은 표지의 연대기를 다시 쓰는 중이네
하현달로 빚은 국자만 남았네
달고나에 설탕을 붓고 소다를 넣고
부풀고 스러지고
끈적하고

……

달콤하고, 달콤하네.

빙하기처럼 긴 겨울이 닥쳐올 거라 쓰네.

주산지를 채집하다

가뭄에 드러난 민낯을 보았다
여기가 바닥은 아니라는 듯, 빗살무늬 근육을 내보이던

色을 담지 못한 호수에서 상상은 무르익었다
사향제비나비의 어떤 전갈을 들을 수 있었다

물이 돌아왔고
파국의 황홀로 치닫고 있는 주산지에 다시 왔다
풍경을 물의 언어로 옮기느라 미세하게 흔들리는 호수
호수의 말을 번역하는 숨죽인 셔터

주왕산 슬하, 민박집은 사각의 틀 안에 나를 구획한다
집을 나와 다시 틀에 박힌 잠을 청한다

천정의 사방연속무늬
사각의 프레임 안에서 움직임을 잃어버린 주산지
사향제비나비 한 마리를 핀으로 꽂아 두고 잠드는 저녁이다

핀에 꽂힌 황금빛 주산지가 자꾸 가렵다

민달팽이의 집은 어디인가

덤불 속에 숨겨 둔 묵정밭이었다
게으른 경작 끝에 시집 한 단을 묶었다

침침한 눈 비벼가며
돋보기를 기울이신 노모는 걱정하신다
-인자 뭣을 쓸랑가 이라고 다 써 불고

오랫동안 붙들어 둔 싸리나무와 달과 그림자
바람과 나무가 귀엣말로 들려준
지상의 비밀들을 다시 받아 적을 수 있으려나

집이었으되 몸을 두고
한뎃잠을 자는 시집을 어미처럼 걱정하겠지
집이 없어진 나는 민달팽이처럼
찬 바닥을 뒹굴까

함부로 던져졌으면 하네 시든 배춧잎에 깃들어
손금 같은 잎맥들을 필사하는 저녁이 왔으면 하네
미련스러운 더듬이를 세우고 끈적이는 몸을 밀어
천일야화의 첫 음절을 향하여
一步, 一拜

김지요 | 2008년『애지』로 등단 | 시집『붉은 꽈리의 방』| 이메일 young-3023@hanmail.net

연리지 외 2편

김학조

그는 북으로 난 창을 향해 몸을 활짝 젖혔다
그녀는 남쪽 바람을 맞으며 자신을 힘껏 비틀었다

내 마음이 들리시나요?
당신께 닿으려고 까치발로 돋움하는
내가 들리시나요?

먼 그리움의 거리를 건너
시나브로 맞닿은 자리
뜨겁게 하나다

그녀의 세포 속에 그가 들어차고
그의 몸속으로 그녀가 흘러 젖으며
소용돌이의 세월을 지나
깊은 옹이가 된

목련

기미도 보이지 않더니
어느새 봄이 산실을 꾸렸고
목련 한 송이 양수를 터뜨리며 벙글었다
산고를 눈치 채지도 못했는데
용수철 튕기듯이 불쑥
봄을 낳았다
밤이면 달보다 환한 젖냄새로
암고양이들을 자극도 하더니
너무 이르게 피어
벚나무꽃에 실연당한 꽃
날을 감춘 샛바람에 단말마도 없이
바람꽃이 되어버린 그녀

며칠도 못 견디어낸 울컥한 사랑이다
감히 봄을 그리워한 내 눈물이다

피어싱

얼굴빛이 고운 아가씨 콧잔등에
새똥이 앉아 있다
그런 줄도 모르고
휴대전화에 코를 박고는 무엇이 좋은 지
연신 헤벌쭉하는 그녀를 흘끔거리는
눈동자들이 여럿이다
안쓰러움에 얘기를 해 주려는 찰나
그 새똥이 촛불처럼 '반짝' 하고 빛을 낸다
허허, 그 참 희한한 새똥이다
곁눈질로 가만히 들여다보니
콧잔등에 구멍을 뚫어
그 새똥을 박아놓았네 그려
저렇게 웃음 활짝한 아가씨도 숨 막히는 것이 있나?
가끔 숨쉬기 어려운 날에는
저걸 열어 숨고르기를 하려나보다
어쩌다 귀가 막히고 코가 막히는 날에는
구멍 서너 개 쯤 뚫어 두었다가
하나씩 열면서 훨훨 날아오르겠지

김학조 | 2010년 대구문학 신인상, 2016년 애지 신인상 | 계간 시인시대 편집장 | 이메일 khj4312@hanmail.net

여치선풍기 외 2편

김혁분

날개는 소리를 지어내는 바람의 악기다
현을 켜듯 자세를 잡아 펼친 날개
깃을 부벼 바람을 변주하는 노래다
귀뚜라미의 청아한 목청이 부러워
휘황한 조명 아래 명성을 겹쳐 입은
명창의 목울대를 얻고 싶었다
춤추는 박수갈채에 얹혀 노래하고 싶었다
쉼없이 날개를 휘저으면
득음할 수 있을 거라 믿으며
미처 접어둘 수 없던 날개를 흔들어 본다
흥겨운 장단 없어도 가벼워진 몸
훅훅 뜨거운 바람을 날려본다
따끔거리는 목, 청음이 오시려나
목구멍까지 차오른 소리를 뱉어낸다
빙빙 돌아가며 부비는 날개
스륵스륵 노랫소리가 새어 나온다
이젠 사뿐 날아오를 수 있을 것 같다

두리안에 빠지다

밀림 속을 바람처럼 누비는 맹수의 혈통인지도 몰라 난, 쑥과 마늘로도 조선의 하늘을 열지 못한 호랑이의 후손이 확실한 거야 푹 삭인 초원 한 귀퉁이 고스란히 담긴 두리안에 빠졌어 호랑이도 좋아하는

두리안 한통 배를 가르지 뭉근히 눙쳐진 누리고구린 냄새쯤이야 열대 과일의 풍미에 흠뻑 젖어봐 냄새와 맛 사이 불끈 목을 잡아끄는 마법 같은 키스에 빠져 봐

순간 숨을 고르고, 호랑이처럼 한 입 베어 물어 봐 마늘 곁들인 비릿한 생고기 맛, 바나나 망고 부드러운 혀끝에서 사르르 녹는 뭘까 입 안 가득 아릿하게 서성이는 첫사랑의 맛을 기억해 봐

사냥 후 호랑이는 맨 먼저 내장을 먹는다지 오묘한 맛에 중독된 거야 자꾸자꾸 당기는 두리안, 바다와 땅과 하늘 우랄의 피와 마늘까지 쟁인 그 강렬한 냄새 알아? 당신도 한번 취해 봐

木人의 주문

나무를 파내다 움푹 살점이 떨어졌다 몽글몽글 맺히는 핏방울, 혼신의 힘으로 목을 파내고 손목을 파낸다 파고 또 파면 무엇이 보일까

발목을 파고 호흡을 불어 넣다 덜미 잡혔다 단호히 의자, 하면 웅크려 등을 내주었다 목탁, 외치면 목을 디밀어 머리를 내놓았다 순간순간 속삭이는 목청에 따라 형상을 지었다 울렁울렁 가는 발길마다 양반탈로 각시탈로 불려 다녔다 이곳저곳 눈알을 굴리다 목만 길어졌다 숨도 크게 쉴 수 없다 쿵쿵 발소리만 들어도 얼어붙었다 입만 벙긋거리다 꼭두각시놀음에 빠졌다

누군가의 호명에 따라 몸을 얻었다 납작 엎드리면 서러운 이름 하나 얻을 수 있을까 시뻘겋게 내리찍은 낙인 같은,

김혁분 | 충남 보령 출생 | 2007년 「애지」로 등단 | 이메일 kimhb1212@hanmail.net

매너리즘 외 2편

김현식

해저광산으로 잠수한다
수압을 어디까지 견딜지는 아직 알 수 없다
현재까지는 도전의 대상이다
일생 골몰해 온 해저광산이 저기 보이지만
단지 투명성 덕분일 따름이다
다가가는 것은 별개의 문제이다

투명성은 거부할 수 없는
유혹의 안내자이다

장인의 시련은
매너리즘의 극복에 있다
투명의 벽을 뚫고 나아가야 한다

조건의 함정

조건이 많고 까다로운 사람은
빨리 떠나간다
조건 하나하나가 자기 이득물이면서도
걸림돌이다
완전한 시스템과 완전한 조건이란 애당초
존재하지 않는다
조건이 많아질수록 일은 복잡해지고
미궁으로 빠져들 가능성이 높다
상당히 똑똑하다고 평가받는 이대리는
오늘도 보따리를 싸고 있다

증기 기관차

미친 듯이 달리다가
미치고 싶어 하다가
허름한 간이역을 지나면서 그냥
한때의 반짝 상념으로 정지 곧
슬그머니 사라져 버리는 어둠 속의
고독한 수행자

불끈 완력의 팔뚝을 잡아당기며
숨찬 하마처럼 뱉어내던 거친 숨결
하얀 연기만을 애틋한 상징으로
깃발처럼 날려 보내며
보이지 않는 길을 뚫는 무모함
그냥 멈춰 버릴까 칙칙거리면서도
푹푹 움직이는
무거운 검은 몸뚱아리
간이역이 기다리는
한숨과 여유를 간직한

김현식 | 광주 출생 | 전남대학교 의과대학 졸업 | 외과 전문의 | 2006년 『애지』로 등단 | 시집 『나무늘보』, 『꿈길』 | 공동사화집 『날개가 필요하다』 외 다수 | 산문집 『시의 향기』 | 이메일 mdkhs1@hanmail.net

사막의 내력 외 1편

남상진

아내의 뒤꿈치는 일기장이다
그것도 금이 쩍쩍 간 일기장
밤마다 낡은 펜대에 사포를 감아 긁어내는 발
살아온 이력이 빼곡하다
부슬부슬 떨어지는 고단한 생의 문장
분주히 걸어온 발바닥에 스며들지 못한 상처도
그녀를 눅진하게 녹이지는 못했는지
그녀의 발자국은 늘 건조하다
무릎걸음으로 그 발자국을 따라가면
발해만을 지나
몽골제국의 대평원을 지나
고비사막 어디쯤에서 별빛이 된다
부드럽지 못한 기억
한 입 모래알로 서걱거리는 땅
걸어온 시간이 사구처럼 솟구쳐 올라
시야를 가리는 그곳에서
아내는 발바닥을 깎아 일기를 쓴다
돌아갈 여력도 없이
자신을 소진해 버리는 사람
새벽이 되어서야 당도하는 짧은 휴식의 땅
포근한 솜털의 밤이 느리게 찾아와
억 만년 사막의 시간을 별빛으로 속삭일 때

그녀가 털어 낸 뒤꿈치의 내력이
모래 바다로 출렁인다

새들의 집

그들의 집에는 지붕이 없다
가끔
태양과 구름과 새떼들이
지붕의 무늬가 되기도 하지만
그것은 또 다른 생의 입구일 뿐
지붕이 없는 집에서는 바람도 오래 머물지 않는다
허공을 가로지르는 햇빛과 비행운과 새들의 불규칙한 궤적만이
듬성듬성한 울타리를 칠뿐
그들은 비가 오는 날에도 따로 울지 않는다
계절이 바뀔 때마다 자리를 옮기는 일쯤이야
내겐 별일도 아니지만
물 빠짐이 좋은 자리는 벌써 누가 영역표시를 했는지
골목마다 오줌지린 냄새가 진하게 났다
간간이
뜨거운 혀를 지닌 이들이 지상의 소식을 물고 올 뿐
땅을 밟을 일 없는 공중에는
밤마다 별들이 우박처럼 쏟아졌다
별빛 소복한 집
오늘 밤, 지구에 거꾸로 누워
우물 속 우주로
나를 한 무더기 쏟아내야겠다

남상진 | 경남대학교 졸업 | 2014년『애지』로 등단 | 이메일 depag@hanmail.net

길상사 칸나 외 2편
— 내 재산 천억이 백석의 시 한 줄 보다 못하다

류 현

성복동 323번지 서릿발이 내리던 시절
대원각을 일으켜 세상을 요리하던 그곳에서
그녀는 길상화로 피어났다

사랑의 불꽃처럼
눈부시게 환한 붉은 꽃밭
녹음 속에서 뜨겁게 일렁거렸다

백석도 자야도 떠나고
극락왕생을 기원하던 법정의 목탁소리
극락전 법당을 둘러싼 적막이 바다처럼 깊어진다

붉은 사랑의 숨결이
8월 염천 칸나가 되어
오늘 하루 이 시간을 일으켜 세운다

백석과 자야의 사랑도
길상사에 울려 퍼지던 법정의 목탁소리도
다시 적멸에 든다

내 삶의 징검다리

강원도 삼척 삼화산 무릉계곡을 찾아서
조용히 지난 세월을 반추하는데

20대부터 지금까지
잡힐 듯 말듯 아득하기만 하네

감고 있는 두 눈 속에 부처님 미소가 어리고
지나간 추억의 징검다리들은 껑충 껑충
나를 향해 뛰어 오고 있네

보이지 않는 추억들은 어디 갔을까
징검다리 사이로 흐르는 계곡물에 실려
가냘픈 비파소리처럼 이별을 알려오네

내 앞으로 바짝 다가오는 시간들
흘려 보내야할
세월들은 잡히지 않는데

계곡물은 깨지고 부서지는
아픔의 상처를 안고
말없이 뒤돌아보며 흘러만 가고 있다

>

조용한 계곡에 산그늘이 어슬렁거리는데
후두두둑 떨어지는 빗방울
징검다리 건너라고 내 등을 밀어주고 있네.

청바지

청바지를 즐겨 입게 된다
흘러간 시간을 당겨오고 싶어서는 아닌데

와이셔츠, 넥타이
반짝 구두와 향수 들이
내 젊은 날과 함께 사라진 뒤

내 존재는 타인의 것이 아닌
오로지 나의 것
청바지를 입으면
몸과 마음이 원한 자리에
놓여 있는 기분이 든다

새롭게 열리는 푸른 삶과 푸른 꿈
운명의 발굽이 날개를 펄럭이면서
멋지고 편안한 날들을
갈래갈래 열어 준다

그리하여
이 끝없는 공허의 들판을
멋지고 씩씩하게 달리게 한다.

>

푸른 입김 위에서 밤이 가고 낮이 오는
나 혼자만의 기쁨인
청바지여,

내 그림자를 껴안고
광활한 인생의 들판을 우아하게
경계 없이 걸어가고 있다

류 현 | 2015년 『애지』로 등단 | 시집 『봄의 왈츠』 | 현재 유리안 국제특허법률사무소 대표 | 이메일 poethryu@naver.com

야식동물 외 2편

박은주

동네 슈퍼에 앉아 홀짝이며 밤을 먹는다
쌀알 같은 불빛을 제 몸에 새기는 어둠
오늘은 맛이 짜다
전투를 끝낸 사람들이 구석마다 틀어 앉아 야금야금 어둠을 씹는다
밤을 사랑한다, 고개 숙여, 낮보다 간절하게
낮 동안 모아놓은 발화점으로 불똥이 배달된다
주문한 사람 없어도 찾아가고 어디서든 깨끗이 비워진다
폭발 직전까지 달아오른 얼굴
부어오른 눈두덩을 빈 잔에 채우며
숨 돌리지 않고 밤을 삼킨다
덫에 걸린 짐승처럼 웅크리고
담벼락에 머리를 들이밀어도 빠져나갈 단서가 없다
헝클어진 사람들이 막차를 놓치고 두리번거린다
시작하지 않은 하루를 돌려보며
베개를 쥐어짜는 소리가 밤을 키우는 동안
끊어질 듯 숨을 할딱이는 불빛
길 고양이가 피 묻은 상처를 핥듯
소름 돋은 가슴을 쓸어내리며
한 모금씩 어둠을 마신다

범죄의 현장

어제를 옮긴 문장, 작년과 같은 단어
죽은 척 가만히 있으니 실패도 없다

지붕 위로 태풍이 몰아쳐도 차렷 자세 그대로

벽이 점점 높아진다
열두 개의 발로 사이와 사이를 채워가는 벽
바다 건너편에서 폭동이 일어나도
내 집이 아니면 그만이다

돌아서야만 속내를 뱉어내는 사람들
약속을 잊어버리고 주소도 잊는다

누구도 울지 않았다
엄마를 찾던 아이가 골목을 돌아 사라졌다
지워진 이정표 때문에 길을 잃은 여행자도 낮잠에 들었다

하루를 다 삼켜도 새로운 비유 하나 거두지 못하는
현행범들이 거리를 떠돌며
서로의 뒷모습을 베낀다

나는 리모컨을 움켜쥐고 소파에 붙어
밀린 빨래처럼 시들어간다

부적

물에 빠진 아이를 건져놓고 할머니와 엄마는
굿당에서 진땀 흘리며 기도한다
손바닥이 닳도록 아들의 무사無事를 비는 동안
응급실에 혼자 남겨진 아이는
온 몸을 떨며 울고 있다

수능 시험 날
옆 자리 수험생 엄마가 출근하지 않았다
교회에서 기도한다는 문자만 왔다
골목 깊은 교회에 수능백일기도
산 아래 절 입구에 수능백일기도 현수막이 걸렸다

네가 지옥을 건너는 동안 너를 위해 나는 (편히 앉아) 손에 땀나도록 기도할게 널 지옥으로 몰아넣는 건 다 너를 위해서야 모든 걸 바쳤으니 이제 네가 날 천국으로 보내줄 차례

앞에 앉은 것이 불상이든 십자가든 용왕동자든 영험하기만 바라는 손바닥들
달아오른 열꽃도 썩어버린 위장도 두 손만 모으면 사라질 거라 주문을 외운다

발 닿는 곳마다 떨어진 기도가 빼곡하다

박은주 | 2016년 『애지』로 등단 | 한남대학교 사회문화행정복지대학원 문예창작학과 (석사) | 이메일 ending_2001@naver.com

적막한 집 외 2편

박정옥

바람의 히잡을 쓰고
달포 만에 옛집에 들렀으나
풍경은 풍경끼리 머리를 들이 받고

썩둥벌레와 집시나방들이
창턱에서 가지런히 입적入寂하여
가족사진에도 영정처럼 고요히 테를 두르고
벽시계는 결박되어 영면했다
거미들은 사각지대에 레이다를 설치하고
매일 같이 줄을 튕기고 재단하며
침묵의 항속거리를 연결했을 것이다
언제 들를지 몰라
문이란 문은 죄다 여미고 떠났으니

알락나방 알들을 누에처럼 묶어놓고
보란 듯 이 집의 체취를 결박했겠다
모든 기척의 침입을 어디에다 전송하는지
돌아오는 길은 앞서갔던 길을 배신하며 구부러졌다

月精橋의 밤

모를 일이다.

이곳에 서면 왜 이렇게 그리움이 마을의 불빛처럼 하나 둘씩 돋아나는지 골목길 들어서면 돌담의 적막이 별의 그물을 끄을며 앞서는지 잠시 문설주에 기대어 섰나. 몇 백 년 굽은 소나무 한 척의 커다란 범선, 추억으로 궁 밖을 서성이고 내 몸에선 말굽 소리 아직도 낭산 길인데 남천 물소리 반월성을 떠밀고 가네.

당신이 있는 곳에 길이 생겨나고 당신의 등이 외롭고 넓어서 당신의 운명이 읽히고 그 길을 따라 지나간 당신의 상처를 보고 있으니 당신이 마주한 이상이며 꿈들이 아직 읽히지 못하고 여기 뒹굴고 있네 천년이면 그리움도 부러지는지 사방에서 들려오는 저 밤의 울음들 당신의 슬픔에 잠겨있는 만월은 아직도 멀기만 한데 반월성을 지척에 두고 문천에 잠들지 못한 기다란 꿈이 끙! 돌아눕는 것을 보네.

강도가 되겠어요

고담시 같은 책의 숲을 들어서면
물소리가 났어요
커다란 나무의 몸에서요
뉴욕의 어둠처럼
나무는 언제 여기 잠들었는지
묻지 않았어요
사실 르네, 또는 마거릿을 따라 왔죠
생각의 꼭지점이 궁금했거든요

이곳은 차갑고 부드럽고 따뜻하고 향기롭고 음습해요. 가끔 책갈피에 머물렀던 노을같은 슬픔이 뾰족하게 뚫고 올라올 때가 있죠. 강도라는 이름에 의심이 들 때거든요. 나무끼리 잇댄 수많은 눈을 톡톡 건드리며 클레이점토 같은 말랑한 생각이 이끼처럼 덮이기를 기다려요. 서로 옆구리를 간질이듯 뻗쳐오는 가지에 모방의 출입구를 달아두죠. 수백 년 은거했던 미이라가 된 목소리를 걸치고서 일 년에 한번만 와요.

박정옥 | 2011년『애지』로 등단 | 시집『거대한 울음』| 이메일 pjo08@hanmail.netr

어머니, 땅이라 하는 외 1편

백승자

아픈 물가에는 늘 아픈 풀들이 살았다

어쩌면 자궁부터
요람은 아팠던 것

파랑 요람에서 파란 풀이 나고
빨강 요람에서 빨간 풀이 마땅히 나서
간혹
돌출하는 회색 풀들은 금기된 언어

해에게서 프리즘을 걷어내고 오목렌즈를 덮어씌운 그 누군가
한 가지 색깔만 칠해 놓은 요람으로 인해
우리, 파랑이거나 빨강의 세상에 갇혀버렸지

어머니는 모르셨을 거다
해의 무지개색 부호들이
어머니라는 요람에서 죽어가고 있었다는 거
어머니의 어머니도 모르고
어머니인 나도 모르는 사이
단單색 물이 든 사랑이라는 물들
그 회색 풀들의 유형지가
파랑도 빨강도 외골진 벽만 쌓게 하는

아픈 독을 품고 있었다는 거

그럼에도
물은 언제나 길을 만들어내고 있었다
눈물로 낸 물길이
풀들에게 해의 유선乳腺을 심어
광화문을 끝없이 살려내고 있었다

뼈 없는 닭발

산山만한 몸뚱아리 받치고 사느라
뒤뚱뒤뚱 걸어온 한평생이라 했지
얼기설기 둘러쳐진 울鬱 안에서
한밤중 살쾡이의 습격으로부터 살아남는 건
한 생을 접고 또 한 생을 사는 일이라 했지
누구나 짊어진 무게만큼 강해지는 법
칼처럼 날 선 정강이
벼리고 벼린 발톱은
절망마다 맞서 쌓은 애달픈 사리탑이라더니
죽어서라도 새처럼 날고 싶었는지
제 한 몸 보시도 모자라
소주 한 잔 목울대를 넘기지 못하는 먹먹한 가슴들에게
무거운 뼈들 다 내어주고
물렁뼈까지 다 내어주고
말랑한 나체로
흐물흐물 웃고 있는 헐렁한 부처님
쯧쯧, 빨건 분칠까지 하고선!

백승자 | 2016년『애지』로 등단 | 서산여성문학회원, 애지문학회원 | 이메일 bsj-1963@hanmail.net

상처받은 영혼을 위하여 외 2편

안영민

상처받은 영혼을 위하여
모든 물들은 슬프게 울어야 한다

세상의 모든 꽃들은 서럽게
피어나야 하고
해가 저무는 쪽을 향하여
통곡의 소리를
내야 한다

밤들은 기나긴 깊은 침묵 속에서
뚫어진 별자리를
끊임없이 세어야 하고
물들은 흘러서
상처에 고인 아픔을
서럽게 서럽게 씻어내야 한다

쓸빛

겨울은 갈색이다
풀도 나무도 마음도 갈색이다
군데군데 얼음 논바닥에 널브러진 마시멜로 빛깔도
흰빛 알몸 색이다

추워서 갈색이고 춥기 때문에 갈색이다
흰빛 갈대꽃은 갈색 몸속의 빛깔이다
그래서 겨울은 슬픈 색이다

겨울은 배고픈 색깔이다
외롭고 짙은 그리움이 배어있는
비통한 타향의 빛깔이다
그래서 겨울은 돌이킬 수 없는 외로운 색이다

흰 눈이 내리면 갈색들은
검은 빛 속으로 몸을 숨긴다
드러낼 수 없는 색깔이라는
나도 이 겨울 흰색 뼈 위에
짙게 배어난 춥고 배고픈 갈색 빛깔이다

보이지 않는 것들과의 투쟁

죽어있는 모든 것들은 썩고
무너지고 흐트러진다

비겁해지지 않기 위하여
나는 돌을 들어 올리지 않고
그 밑으로 손을 넣어 더듬거렸다

어디 뭉클한 마디
옹이처럼 굳어 불퉁그러진
속살의 낮은 신음 속으로
미끄덩거리는 혼 밖의 정령 앞에
피투성인 채로 또 나는

무릎 꿇린 시험이라는 갈고리에
푸른 잡념의 목덜미를 꿰인 채
일그러진 답 하나를 선택해야만 한다

풀이 없는 곳에는 물이 없다
깨어진 추억과
부서진 바람만 떠돌 뿐
기억의 족쇄에서 벗어나기까지는
사람은 결코 죽지 않는다

마음에 묻어서는 결코 썩지 않는다

안영민 | 2014년 『애지』로 등단 | 시집 『꽃은 핀 자리에서 다시 피지 않는다』 | 이메일 medardo@hanmail.net

선을 넘어서 외 2편

유계자

바다로 들어가는 모래 언덕에
들어가지 마세요 견고한 팻말이
굵은 동아줄과 한통속이다

아담에게 먹지 말라던 선악과
선을 그어놓는 순간
선, 그 선이라는 것 넘을 수밖에 없는 것이다

굵은 동아줄 밑으로
선을 넘는 것들 또 있었다
납작 엎드려 일제히 바다를 향해
기어가는 순비기나무

그들을 마주 하는 것은 짜디짠 소금기다
폭풍이라도 치는 날이면
해변의 잡풀들은 다 고개를 숙인다

순비기나무라고 왜 몰랐겠는가
그 선 바깥엔 짜고 아리고
어두운 것들이 있다는 걸
선을 넘는 것은 그들의 본성이고 삶이다

버려진다는 것

버려진다는 것은 슬픈 일이다
독기가 없다는 것은 더 슬픈 일이다
순 하디 순한 것들도
버려지는 순간 독기를 품는 법,
버림당한 풀뿌리를 보아라
암팡지게 흙을 붙잡고
몸을 세우는 저 뜨거움을
버림받는다고 절망할 일은 아니다
차라리 왜 버리느냐고 따져 물을 일이다
한번쯤 속 시원히 물어뜯을 일이다
빳빳하게 날 세운 혈기로
씩씩하게 일어나 세상을 걸을 일이다
우리는 무언가 수없이 버리고
버려지고 버림당했다.
내가 버린 저 하수마저도
반짝반짝 일어나
죽을 각오로 강을 헤엄쳐간다
독기어린 눈으로 새 숨길을 찾아 나선다.

사월

천 가지 만 가지
빛깔

천 갈래 만 갈래
마음

어디로 튈지 모르는
천방지축 강아지

윤기 돋는 귀털

유계자 | 2016년 애지로 등단 | 이메일 poem-y@hanmail.net

나비 외 2편

유안나

파꽃이 하얗게 흔들린다

새로 세운 비석처럼

살다 가는 것들
이제 막 생을 시작하는 것들
환하지 않아도 될 슬픔 같은 것까지도 환한 아침

머뭇거리는 물안개 저편

그림자를 짊어지고 가는 마음이여
절룩이는 마음의 몸이여

오래 아팠다

너에게 가는 길을 몰라
욱신거리는 몸통을 굴리며
오랫동안 날지 못했다

오른쪽 어깨를 찢고 왼쪽 어깨를 찢으니
날개가 나온다
툭 하고
슬픔의 덩어리가 떨어진다

다시, 지구

나는 마법의 빗자루 하나 타고 지구를 떠난다
구름을 뚫고 대기 밖으로 돌멩이처럼 튕겨져 나갈 때
그리하여,
사이클 선수처럼 몸을 잔뜩 웅크리고 페달을 밟을 때
누가 쫓아오지도 않는데 자꾸만 뒤돌아보고 싶을 때
그럴 때, 어떤 표정들은 슬픔으로 일그러진다
마을 뒷산에서 팔베개를 하고 올려다보던 유성우들
성호를 그으며 빗자루 사이를 날아간다
잠시 가던 길 멈추고 빗자루로 쓸어 담고 싶지만
마법을 부리기 전에 몇몇은 내가 왔던 곳으로
전속력으로 낙하하고 있다
은하 별들의 8할은 떠돌이 별이다
각각의 별자리에도 그만큼의 슬픔의 지분이 있기에
그것을 이겨내지 못하는 별들은 계속 유랑할 수밖에,
한쪽 다리가 짧아 매일 기우뚱거리던 내 삶처럼
은하에도 산이 있고 강물이 있고 골짜기가 있다
내가 던진 물수제비는 어느 행성까지 가닿을 수 있을까
나는 지금 한껏 몸을 낮춰 대기의 슬픔과 맞서고 있다

다시 눈뜬 지구의 거리에서 나는 다시 빗질을 한다
이름 모를 풀씨들과 먼지들이 구름처럼 뭉쳐
다보록하게 어떤 무덤을 만드는 시월의 오후

내가 쓸어 담은 것들이 저 하늘의 유랑별일 지도 모른다는 생각
내가 만든 무덤 위로 한 줌의 빛살이 들어차고 있다

노래

등이 아프다
지렁이를 밟았다

바닥에는 언제나 밟히는 생의 등이 있다

등촌동 골목길

취로사업 나온 노인들
길바닥에 붙어 있는 구덩이를 쓸어내고 있다

한쪽 다리가 짧은 노인이
쓸리지 않는 구덩이와 씨름을 하다
길고 검은 구름을 토해내고 있다

아무리 메워도 메워지지 않는 구덩이나
기우뚱한 희망이며
등에 붙은 불행은 어디로 가는가
어디로 가서 노래가 되는가

오늘의 일당 몇 만원으로
고향 내려갈 차비도 모자라겠지만
고개 들어 올려다보면

무상으로 내려주는 빛의 사다리가 있고
어디든 데려다줄 마차 모양의 구름이 있다

내 어머니가 남의 집 빨래를 해주고
마룻바닥을 닦으며 태웠던 석탄 백탄의 연기가 나를 태우고
금문교로 만리장성으로 다녔던가
어머니는 내 속눈썹에 앉아 가셨던가

별자리는 매일 바뀌고

가장 아름다운 노래는 가장 안쪽에 있다지

유안나 | 2012년 『애지』로 등단 | 시집 『당신의 루우움』 | 중앙대학교 예술대학원 문예창작전문가과정 수료 | 2014년 서울문화재단 창작지원금을 수혜 | 이메일 annaryoo@naver.com

어둠속의 별

이규호

밤은 별로 인해 외롭지 않다. 나의 밤하늘에 함께 할 별 같은 존재는 무엇인가? 밤이 가면 내 별도 가고 말아. 밤이 가기 전 별을 만나러 가야 한다. 어머니는 밤하늘에 별이 되셨다. 아득히 별처럼 보이지 않는다. 어둠속에서야 빛나는 별. 어둠이 와야 별은 반짝인다.

누구나 허둥지둥 살아갈 때 별을 바라보는 이 그 누구인가, 나는 누군가에게 별이 될 수 있을까? 어둠속에서야 생각나는 그 무엇. 어둠이 오고 별이 빛나고, 어둠이 가고, 나는 별에게로 간다. 어머니가 없는 이곳에서.

이규호 | 2007년 『애지』로 등단 | 이메일 ninza295@naver.com

노쇼No-Show 외 2편

이돈형

꽃은 테이블 위에서 애를 낳으려 합니다
안개가 여럿의 발로 나가 나를 인정할 수 없는 아이가 나오려 합니다

꽃의 아이에겐 정말 미안합니다
나는 펑펑 울어 본 일이 없어 어르거나 안아줄 수 없습니다

빗물이 툭, 떨어지는 전망
어쩔 수 없는 일에는 눈동자의 높낮이가 없습니다
떨어지거나 사라지는 그런 인성뿐입니다

음악을 묶으면 다발이 될까요 다각이 될까요 다큐가 될까요
그 다음을 말하기 전에
거리는 연말연시입니다
사람들은 한 손으로 꽃다발을 들고 서로의 팔짱을 나눠 낍니다

하나같이 묶였다 풀어지는 지점입니다

꽃의 아이는 계속 태어납니다
나의 자정은 턴테이블 위에서 돌아가고 있습니다

>

아메리카노 속의 아메리카노는 어떤 질문도 하지 않습니다

가능할까요?
이 일을 이해한다면 누군가는 반음으로만 되돌아 올 겁니다

밥

물 말아 먹는 밥의 세계는 얼마나 싱거운가

누가 불러도 소심함을 드러내거나 목소리를 감춰야 하는

곁에서 곁으로 옮겨 가며 분노를 떨어뜨리고 눈치를 살펴야 하는

눈치 하나로 누군가의 밥그릇에서 수상한 나를 끼니 때마다 죽여 왔는데

밥의 불문율은 빈 그릇이다

밥을 계획하고 밥에 목을 매던 내 아버지처럼 길고 긴 아버지가 되어가는 사람들

한 끼 때울 때마다 오늘의 할 일을 다 했다는 의무감으로 김 서리는 사람들

이쑤시개를 쑤시며 밥에 대한 공포를 한 번 더 뱉어낼 때

밥의 세계에 복수했다고 믿는 소심한 사람들

>

식당구석에서 TV를 쳐다보며 배부른 비둘기가 되어가는 사람들

정작 밥그릇 없는 비둘기들은 네온사인이 켜지면 물똥을 싸고 사라지는데

회색 비둘기와 사람들은 마주 날아오를 일이 없는데

평화식당으로 구구구 모여들어

입 꾹 다물고 밥을 먹는 동안

청년이 텅텅 빌 정도로, 다 어디 갔냐고, 다 중동 갔다고*

누군가도 TV에서 물 말아 본연의 밥을 먹고 있다

* 박근혜의 무역투자진흥회의 발언 중.

발인發靷

일렁이는 관에 손을 얹었다
아직 온기가 남아 있는 미완의 말들이 흘러나와 때늦은 상주가 되었다

누구나 한번은 깨어 날 새벽처럼, 밤새 울고 웃었던 속을 다짐하는 해장처럼

이 새벽이 여럿의 얼굴과 충돌하며 부서질 때
어떤 기념일이었나, 웃음에 쌓인 너는 희박한 무게만 늘렸다

모르는 밤이 도대체 모르게 될 사람을 불러 들였지만
사람들이 다녀갈 때마다 동행하였다면 악몽 없이 간밤은 아늑했을 것이다

인人인 줄 알았는데
가슴걸이 인靷이라는 말을 누군가가 귀띔해줘 알았다

사사롭거나 까마득한 말이 남았다면 인靷이 알아서 할 것이다
그러니 이 침묵은 얼마나 여린가, 천천히 고삐를 풀어주려는 성질을 갖고 있으니

비질하듯 피가 우루루 몰려다니는 새벽의 일이었다

이돈형 | 2012년『애지』로 등단 | 이메일 lee3388don@hanmail.net

로이드 외 2편

이현채

프롤로그

한 개의 우산이 걸어갑니다. 페튜니아 꽃이 늘어선 거리를 걸어갑니다. 비에 젖습니다. 개와 늑대의 시간이 비에 젖습니다. 모든 사람들의 안녕이라는 말이 비에 젖습니다. 한강에 낚싯대를 드리우고 있는 사람들이 비에 젖습니다. 도시의 떠돌이들이 비에 젖습니다. 어머니의 발자국이 비에 젖습니다. 나의 시간들이 비에 젖습니다. 한 개의 우산이 걸어갑니다. 빗속을 걸어갑니다.

* 어느 해 유월 비에 젖은 선유도. 비가 부슬부슬 내리고 있었습니다. 페튜니아 꽃이 빗속에서 말을 걸었습니다. 도시의 섬 한가운데였습니다. 빗속에서 회색 인간이 되었습니다.

A. 조감도

쫓는 자가 쫓기는 자이고 쫓기는 자는 쫓는 자여서 바라보는 자가 쫓는 자이거나 쫓기는 자일 수 있으니 쫓는 자는 쫓는 자와 더불어 바라보는 자를 두지 말아야 쫓기고 쫓는 자는 반대이거나 있을 수 없게 된다.

너는 나이고 나는 너이므로, 또 하나의 사람이 필요한가!

B. 양철 물고기

양철로 만든 시계 바늘이
살금살금
내 잠속을 걷는다.

일터에서 막 돌아온
발자국 소리를 닮은
시계 바늘이 내 잠 속을 걷는다.

떠돌이 개 냄새를 풍기는
몽유병자처럼
똑딱, 똑딱, 세상 밖을 떠도는
양철로 된 사람
바람만 불어도 머릿속이
소리를 내는 양철 물고기

너 혼자 어디를 가니?
탈락탈락,
우는 양철 물고기

시간은

하얗게 무너지는데

C. 시어칸의 천국

나는 늘 위험한 번호판을 들고 다녀요. 가는 길마다 사고 다발지역이에요. 고장난 시계처럼 째깍거리며 사람들 맘대로 잘려나가 분하고 억울해 하는 가로수들이 세상을 가로질러가라고 눈과 심장을 부추겨요.

그러나 내 나이만큼의 십자가가 저만치 서서 키를 키워요.

D. 밤나방들의 세상

거짓말도 진실이 되는
자본의 정글에서
불법이
눈을 뜨고
어느 사막의
모래로
만들어졌는지
몸속의

부속품들은
부스러져가요.

나도 예쁜 꽃을
피울 수 있을까요?

거리마다 1 + 1
1 + 5가 펄럭이는
세상에서
거짓말의 상인들이
우글거리는
정글 속에서
휘청거리며 일수를 찍던
햇살

시신 없는
살인자를 낳고
어둠 속으로
사라져요.

당신은
어느 영혼의 밤나방인가요?

>

E. 필링

24시 편의점과 동산장 사잇길 에스헤어shair 앞 계단에 한 남자가 앉아 있다. 철학자 같은 한 남자가 앉아 있다. 담배 연기로 허공에 그림을 그린다. 남자의 무릎 위에는 한 여자가 다리를 비비 꼬고 앉아 있다. 여자는 지긋이 남자를 올려다본다. 셔터는 내려지고 동산장의 불빛이 허공에 떠돈다. 어둠 속에서 비는 내리고 맥주를 마시며 창밖을 응시한다. 작고 차가운 물고기 떼가 혈관을 타고 헤엄친다. 한 남자와 한 여자는 일어나 빗속으로 사라진다.

* 비는 여전히 내리고, 어둠속에서 페튜니아 꽃은 여전히 비를 맞고 서 있습니다. 이 비는 언제 쯤 그칠지 아무도 모릅니다.

새의 시력

1

기운 잔이 그대를 축복할 때

표범의 활보는 끝이 없고, 이를 악물고 있는 언덕에 토끼 한 마리 웅크리고 있다. 납처럼 빛나는 길, 비가 휘몰아치고 어둠이 풀어놓은 꿈에 풀들은 침묵한다.

말과 말, 의미와 의미가 둘로 조각나 파도 위를 떠돈다.

음산한 일요일 오후
핏빛 지평선, 외로운 눈썹
죽음의 돛

시간의 옷에 피어오르는
이름 모를 색깔의 꽃들은 새처럼 날개를 펴고
감미로운 화음으로 녹아든다.

한줄기 어긋난
모든 것들이

>

2

우리는 텅 빈 마음으로 돌아갔고, 휴식하기 위해 찾아온 강철처럼 무거운 말이 은하수 사이를 떠돈다

나를 비온 후의 들장미라고 불러다오, 혹은
산딸기라고 불러주오

내가 부르는 세레나데는 질그릇 깨어지는 울음소리와 흡사하고 불모의 땅에서 길 잃은 뜸부기의 비명소리

작고 반짝이는 동굴, 막대기의 뭉툭한 끝에서 빛나는 눈동자

자음의 부드러운 비탈
모음 풀밭, 왜 처음부터 오솔길이 숨을 쉬고 있었는지

피처럼 붉은 담배가 그림자를 놀라게 하고 전선 위에 매달린 빗방울, 흐르는 말들, 살려달라고 애원하는 그림자, 자신이 짖는 모습을 보고 짖어대는 개

철길가의 아이는 머리를 풀어헤치고
성서의 구절에 빗질을 하고 있다

>

상처 입은 사람은
말이 없고

소천召天

병실

공기가 앓는다, 비긋이, 깊은 눈 속으로 손을 넣는다. 상한 생각이 꿈틀댄다. 헛기침하는 소독내에서 지난 시간이 링거 줄을 타고 내린다.

함께 있음은 홀로 있음이다.

유령 같은 텅 빈 눈방울들에서, 비뚜름히, 줄무늬로 흘러내린다. 처방전 안에서 변주되는 얼굴에서는 오래 된 질문들로 가득하다. 협탁에서 음료수 병들이 멀건 눈을 하고서 쩔쩔맨다.

환영illusion

아직도 사과가 있어
어둠속에서 사과가 만져져
빨갛고 동그란 사과
아버지가 만져져
동그란 사과 속에는
아버지가 있어

기침
숨 가쁨
모두 사라지고
사과 속에는
아버지가 있어
사서삼경을
읽고 있다고
아직도 사과가 있어
텅 빈 밭에
사과가 보여
여기저기서
불쑥불쑥 튀어나오는 아버지
새가 되어
비가 되어
창문을 두드리는
아버지
시계의 초침소리가 크게 들리는 새벽이면
더욱 예민해지는
귀

이현채 | 충남 당진 출생 | 2008년『창작21』로 등단 | 2009년『애지』,『현대시학』,『작가세계』,『현대시』 등을 통해 작품 활동 시작 | 시집『투란도트의 수수께끼』

알알이 새기다 외 1편

이희은

먹구름으로 빚은 새가
유리창에 수만 개 알을 낳아놓고 날아갔다
그 방엔 죽어가는 아기 새들이
얼룩을 뒤집어쓰고 웅크려 있었다

후- 입김을 불어넣어 주자
아직 꺼지지 않은 심장,
파동을 붙들고 부르르 안간힘이었다
공중이 부드러운 혀를 내밀기 전
어서 숨을 내쉬어야 한다는 듯
한 방울 남은 기운을
힘겹게 맺고 있었다

틈 하나 없는 유리절벽
잠시 뒤돌아섰다가 바라보니
알들은 껍질도 없이 사라지고
새의 울음소리만 빨갛게
손가락 끝에 묻어났다

기시감

챙이 긴 모자를 눌러쓰고
자꾸 길을 잃는 저녁

붉은 알약들 피어 있는 담장에서
처방전을 찾는다

낯선 여자의 주술
꽃을 좋아하세요

색깔을 잃어버린 입술이
답을 풀어놓지 못하고 머뭇거릴 때

양철 대문 안쪽
햇살이 빗질해 놓은 풍경이 열린다

어느 꿈속 잠시 머물기도 했던 곳,

그녀가 입맞춤하는 봉오리마다
따듯하게 꽃잎 피어나다가

이생에서 만난 적 없는 바람이 지나가면
꽃도 그녀도 풍경 속에서 천천히 지워진다

>

엉킨 장미의 넝쿨을 뒤적이며
나는 또 길을 잃는다

이희은 | 충북 청주 출생 | 2014년 『애지』로 등단 | 이메일 leh2627@hanmail.net

날아가는 새들 외 2편

임덕기

새빨간 열매가 조롱조롱 매달린
산수유나무에서
직박구리들이 모여 조잘댄다

아침밥은 제대로 먹었는지
엊저녁 잠자리는 불편하지 않았는지
서로 안부를 묻고 챙긴다

길을 가다가
까치발을 하고 올려다보는 노인
인기척에 놀란 새들이 후드득 날아간다
하늘을 가릴 듯 넓은 날개를 수평으로 펼치고
눈앞에서 날아오른다
하늘을 날 수 있는 날개는
새들의 자존심이다

떨어져나간 날개로
어깨 죽지에 남은 상처를 다독이며
검불처럼 가벼운 노인이 휘적휘적 걸어간다
퇴색한 햇살과 속빈 강정이 뒤따라간다

우듬지에 내려앉은 새들

짧은 휴식을 끝내고 허공으로 날아간다
날아가는 새를 노인은 말없이 올려다본다

냉장고

언제 그늘 속에 들어왔는지
까맣게 잊어버린 시간

차갑고 어두운 곳에서
몸을 비틀고
생존을 위해 발버둥친다

아픔으로 점철된
침묵의 시간

부둥켜안고 가는 생명을 지키려고
튼실한 뿌리 하나로 버틴다

밝은 햇살을 갈망하며
이따금 탈출을 꿈꾼다

이스터 섬에 가면 시詩가 있다

해안에는 석상들이 줄맞춰 서 있다
바다를 향해
낯선 사람들을 향해
구리 빛 사내들이
경계의 눈빛으로 섬을 지키고 있다

섬에 뼈처럼 묻혀 있는 바위를 캐내어
조각하고 천천히 일으켜 세웠다
통나무를 깔고 굴려서 해안까지 끌고 내려왔다

나무들은 수난을 당하고
마지막 나무도 베어낸 후
화산섬은 부드러운 곡선이 되었다

그들은 언제 어떻게 석상이 만들어졌는지 바위에 새겨 놓았다
그런데 그 뜻을 알 수 있는 사람이 사라졌다
남은 사람들은 문자를 해독解讀하질 못한다
소통이 안 되는 언어가 바위에 새겨져 있다
그들의 역사와 조상들의 생각은 미로 속으로 빠져들었다

불통不通은 때로는 시처럼 상상력이 넘친다
이스트 섬*은 불가사의한 석상 이야기로

한 편의 시詩가 되었다

* 이스터 섬 : 남미 칠레의 영토인 남태평양의 작은 화산섬.

임덕기 | 경북 포항 출생 | 이화여대 국문과 졸업 | 2014년 『애지』로 등단 | 시집 『꼰드랍다』, 수필집 『기우뚱한 나무』 | 이메일 : limdk207@hanmail.net

달빛소리 외 1편

장효종

쭉정이를 물고 간 새는
밤새도록 잠을 이루지 못했다
나뭇잎들이 소란하다

꿈이라 생각하고 싶었다

오늘, 나와 또 다른 목구멍을 위하지도 못하고
날개에 비루만 묻혀 오다니

그물을 피한 것만도 다행이다

헝클어진 몸 위로
창을 두드리는 달빛소리가
둥그렇다

유리벽

투명한 것이 투명한 것에 다가온다 더 이상 투명해질 수 없는 낙타가 투명을 위해서 몸을 닦는다 투명은 왜 까말까 까매져야 투명할 수 있다고 믿는 까마중이 제 몸을 까맣게 물들여가면서 투명해진다

로프에 매달려 유리벽을 닦는데 미치도록 너의 뒷모습을 보아야만 비로소 나는 별이 되는 것 있는 것처럼 없고 없는 것처럼 있는 저쪽에 낙타가 있다 바람얼룩 사이로 보이는 낙타의 문과 낙타의 벽과 낙타의 그림자를 넌지시 응시할 때 들켜버린 내부혈관의 호흡소리가 유리창을 때린다

내가 너였다가 네가 나였다가 신의 얼굴이었다가 짐승의 얼굴이었다가 꽃잎이었다가 바람이었다가
마침내 아무것도 아니었다가

한손으로 문지른 투명한 유리 사이로 모르는 사람처럼 얼굴이 반사될 때 21층의 로프가 순간, 떤다 발을 들일 수 없는 투명한 장막을 두고 나는 어디로 걸어가야 하는가

걸어가는 것은 닦는 것이라는 생각
닦아낸 것은 얼룩이었다 눈물이었다 나의 나였다 낙타가 낙타속으로 들어갈 수 있는 창이 열린다면 비로소 나는 하강할

수 있을 것이다

나는 얼마나 많은 벽을 깨트리며 걸어왔을까

아직도 나와 나 사이에는 얼룩진 유리벽이 놓여있다 로프에 매달린 눈망울이 쓸쓸하고 아래는 까마득하다

유리벽에 비친 얼굴이 나를 빤히 쳐다본다

장효종 | 2015년『애지』로 등단 | 이메일 jhj4299@hanmail.net

백건우 외 1편

정선아

낙법이 정확해야 다치지 않는 법

한 순간의 어긋남이 곧 깊은 낭떠러지임을
돌이킬 수 없는 패배임을
너무나 잘 알고 있는
영리한 프로게이머 그는
흑백으로 분명한 생사의 갈림길에서
결코 주저하지 않는다
때론 격렬하게
때론 우아하게
조이스틱으로 열광하는 소년이다
승전보를 알리는 조타수다

얼음 위를 지치는 스케이트 칼날 아래
이제 막 울기를 멈춘 것과
방금 울기를 시작한 것
그믐달과 초승달 사이
그 숨 막히는 간극사이로
크고 작은 물줄기 가운데
그는 홀로다

희고 날카로운 손끝에서

황금빛 가을 폭죽으로 몸 바꾸어 흩어지는 음표들
갈가마귀 힘찬 날갯짓으로 날아오를 때

가장 깊숙한 어금니 드러내고 웃던
억센 숫컷 은행나무

들꽃을 옮겨 심다가

그때는 알 수 없었다

어디서부터 잘못된 건지

눈부시게 시작했다가
항상 지리멸렬한 꽁무니 보여주던
흔한 연애처럼

산에서 욕심껏 캐온
신기한 들꽃도
화단에 옮겨 심기만 하면

얼마 못 가
시들시들 죽어버리곤 하는 이유를

처음에는 들꽃도
타향살이하는 사람처럼
흙을 가리는구나 여겼었다

하찮아 보이는 풀이
옮겨 담을 수 없을 정도로
깊은 뿌리를 지녔을 것을

>

마음의 뿌리를 다치면
어디서도 살 수 없다는 것을

그때는 알 수 없었다

어느 마디에서 돋아나
얼마만큼 어둠 움켜잡고 있는지
내 자신도 알지 못하는 뿌리를

스스로 떨치기 전에는
온전히 벗어날 수 없음을

누구에게도 건네줄 수 없는
알 수 없음을

정선아 | 서울 출생 | 국민대 국어국문학과 | 현재 동안양세무서 재직 | 2017년 『애지』로 등단 | 이메일 gqt0z64@naver.com

사흘 외 1편

조성례

어제 죽은 여자와 그저께 살은 여자이야길 한다
오늘 그녀의 과거가 낱낱이 밝혀진다
얼굴은 한껏 슬픈 표정을 짓고
목소리는 날아다니는 살아 있는 여자들
그녀의 남편은 산 마누라가 시키던 대로 잘하고 산대
세 여자의 가슴에 낯선 바람이 지나간다
먹어도 먹어도 국수가닥은 줄지 않고
줄어드는 낱말들이 빗물 속으로 끌려들어간다
가슴에 자장면 소스만큼이나 검은
사흘을 끌어안는다
그 사흘 전의 웃음과 꽃은 같은 색깔이었다
어쩌면 그녀는 빗물과 조우를 약속했는지 모르겠다
태풍 차바가 전국을 강타하는 날
도심을 치고 들어오는 파도와
붉은 흙탕물이 그 여자의 가슴을 도려내는 듯
붉게 울고 있다

초복

늙은 개 한 마리 부위별로 볶는다
계절 몇 개도 구겨 넣고, 달리던 언덕의 바람을 넣어 봐도
감칠맛이 없다

꼬리뼈에서 길이 타는 냄새가 지독하다
향수에 흔들어 씻어볼까
꼬리 흔들던 습관처럼 슥슥 닦고 훔쳐 낸다
가스레인지 위 오래전 비명이 보글보글 넘쳐난다
가슴뼈는 두드려 다져 넣는다
멀쩡한 뼈 조각 하나가 거리로 튕겨 나간다
제 살 조리는 어려워 국자 휘 저을 때 피가 엉킨다
담장이 높아 오를 수 없는 발자국 소리가 난다
칼도마를 두드리며 가슴을 꾸겨 넣는다

툭, 불거진 공상 한 토막을 잘라 넣는다
창문 밖의 세상은 아직은 붉은 빛이다

내 닳아진 발톱의 상처에선 피가 흐른다
도시의 한복판에서 나도 저리 끓고 있다
뜨거운 냄비 속 개 짖는 소리가 난다

조성례 | 2015년 『애지』로 등단 | 서울디지털대학 문창과 재학중 | 이메일 rkdirhrfl@hanmail.net

사라진 것들은 어디로 가는가 외 1편

조영심

저무는 참나무 숲에 서 있네
빛이 물러가는 자리에
촘촘히 어둠이 고이느라
고인 어둠이 자리를 잡느라
나무와 돌과 풀들이

숲속을 흔드네

어둠을 나르네

밤을 준비하네

수척한 참나무 숲 비석들만
발치에 쌓이는 어둠을 보고 서 있네
키를 재던 나무가 어둠이 되고
어둠이 어둠의 물결로 울타리 치는 사이
나무들 사이로 난 거님길 따라
빈 걸음, 걸음을 옮겨보네
한 송이 장미 놓인 오랜 어둠 앞에
우두커니 서 있네
그이도 동짓달 초여드레였네
사라진 것들은 어느새 깊은 어둠되어
참나무 숲속 계절을 넘어가는 중이네

왜 눈물은 다녀 간 것일까

이 파장은 모국어의 맥놀이라
귀를 세워 주파수를 탐색합니다

동글납작하니 고만고만한 대여섯의 품세 딱, 창밖 단풍잎만큼 물들어가거니와 어느 바람에건 떨어질 듯도 보입니다 늦가을 카페에서 깔깔대는 저 둥그런 회동에 가까워지려고 나도 자리를 옮겨봅니다 아, 합격을 한 모양입니다

칠순 넘어 늦공부 하느라 애를 먹었다는 둥 한 번 낙방하고 두 번째 붙었을 땐 장원급제한 것 같았다는 둥 다 늙어 필요 없을 것 같아도 붙고 보니 시원하다는 둥 철 지난 회고사는 단풍잎에 써내려가는 햇살의 기록이 됩니다 저 연세에 운전면허 딴 것도 대단하다 싶은데,

선서할 때 말이야, 성조기에 충성을 맹세하는데 가슴께로 무엇이 철렁하고 내려앉지 않겠어! 이를 악물고 눈물을 참았어! 고국 떠나 온 지 삼십 년도 넘었는데 글쎄! 눈시울 훔치며 다시 깔깔댑니다

돌아보면, 추억도 가지 치며 자라는 생명입니다
흔들리는 단풍 쪽으로 누군가 귀를 돌려놓습니다

조영심 | 2007년 『애지』로 등단 | 시집 『담을 헐다』, 『소리의 정원』 | 이메일 titirangs@daum.net

모유를 만들다 외 1편

조옥엽

믹서기에 들깨를 간다
갑작스런 소음에 놀란 아침의 고요가 구석으로 달아나고
증발한 고요의 무게만큼 형체가 사라진 놈들을 체에 거른다
찌꺼기는 위에 남고 밑으로 내려간 부잇한 액체, 모유 같다

찌꺼기를 붙들고 있는 망을 들여다본다 수많은 네모들이 긴밀하고 촘촘하게 연결되어 하나의 완성된 집을 이루고 있다 그 섬세한 구멍들이 내려 보낼 것과 잡아둘 것을 구분해 색다른 액체를 만들어낸 것

거름망

걸러낸다는 건 통과시킬 것과 그렇지 않을 것을 구분해 낸다는 말
그러고 보니 집안 곳곳에 거름망이 자리 잡고 있다
개수대, 세면대, 욕조, 배수구, 베란다 홈통은 물론 방충망에 이르기까지 작은 구멍들이 들일 것과 들이지 못할 것을 엄밀하게 구분해 내고 있다

문득 나를 거울에 비춰본다 이목구비는 물론 몸 속 장기, 시시로 작동하는 뇌, 입고 있는 옷가지에서, 지금 당장 해와 바람을 가려주고 있는 천정과 벽은 물론 아파트 철문, 크게는 지

구를 감싸고 있는 오존층에 이르기까지 온통 거름망투성이다

오늘도 나는 퇴근해 몸을 씻는다 장바구니를 펼쳐 놓고 생선과 야채를 다듬는다 쌀을 씻어 안치고 상을 차리고 저녁을 먹고 이어 휴식을 취한다

우리들 일거수일투족은 낱낱이 거름망을 통과하는 일이다
모유를 만들어 내는 일이다
생은 물론 죽음까지도

도도한 행진

비 내리는 오후, 용케 마주친 저 인사
권좌에서 쫓겨난 어느 왕족의 후손인가
마치 오랜 숙원이던 제 성으로 귀환이라도 하듯
황금의 관을 쓰고 입성하는 왕의 걸음으로
이제부터 내가 성을 접수하겠으니 모두 물렀거라 경고장 보내듯
넓은 어깨 활짝 펴고 도도하게
때 맞춘 듯 성난 천둥 번개 불꽃 터트리며 주위를 환히 밝히고
모두들 놀라 제 한 몸 감추기에 바쁜데
까짓 것에 흔들릴 내가 아니지
시기적절하게 기회를 포착했다는 듯 한껏 거드름을 피우며
수많은 자동차들 호위를 한 몸에 받으며
점잖 빼고 능시렁능시렁 도심의 거리를 활보하시는
뭣하면 죽음도 불사하겠다는 듯 의연한 저 태도 가상키는 하나
꼭 다문 입술에 어린 단단한 결의와 달리 위태위태해 말려볼까 하다가도
씨알도 안 먹히는 소리 집어치라는 듯 쌍심지 돋우는 바람에 물러서고 마는

통 크고 거기다 통찰력에 뚝심까지 두루 갖춘 저 인사
이 시대의 장군감으로 손색이 없을, 우리들의 두껍 씨!

조옥엽 | 2010년『애지』로 등단 | 시집『지하의 문사』| 이메일 chookyup@hanmail.net

어떤 개인날 외 2편

하우림

하루 벌어먹고 사는 참새 입에
어린 나방이 꽉 물려있다
볼이 터질 듯 웃고 있다

소년 둘이 비밀 결의를 했나
나, 입 무거워
고독하게 침을 찍, 뱉고 간다

다급히 쫓기는 절박한 매미 울음
간절한데도 성욕을 느낄 수 없다
필사적으로 매달린 소매 끝 시간이
쓸쓸한 난간에 귀 기울여 서있다

해피 투게더

금빛 논길을 달리는 자전거
멀어지는 둥근 등이 따뜻하다
어떻게든 흘러간 생
텅 빈 별 조무래기나 만지며
아무것도 갖지 않으려한다
굶은 적이 없는데 실연으로
애달픈 귀신이 될 뻔했다
때로 상심한 순례자였으나
밖의 풍경은 아름다웠다
길 절벽에 길을 내는 잔도공棧道工
다른 일은 할 줄 몰라요
이 일만 할 줄 알아요
그렇게 살다 가겠지
고통이 줄었으니 자꾸 버리며
역시 살아가야겠지

거미는 먼 나뭇가지 사이에 어떻게 줄을 치나?

거미집 그물에 맺힌 물방울은
태어난 생에 바치는 눈물이다

하우림 | 경기 이천 출생 | 1994년 장편소설 『바람을 타는 여자』로 작품활동 시작 | 시집 『전화속에서 울고있는 내가 누구인지 아는 그대』, 『오래,오래란 말』 등 | 이메일 hwr2005@hanmail.net

화상 외 1편

현상연

라면을 끓여 상에 놓다가 쏟았다
냄비와 불의 관계는 멀지만
라면과 국물의 관계는 뜨겁다
뜨거운 국물이 옷자락을 적셔 생살을 무는 듯
통증이 번져 부어 오른다
화상의 흔적은 국물 혹은 진물일 것이다
화기가 지난 곳마다 통점이 점령을 당하고
주둔지의 막사처럼 물집이 집을 짓는다
수포는 아픔의 관계들이 모여드는 곳,
습하거나 끈적한 곳은 고통의 은신처
바늘로 물집을 허물어본다
손에 뜯겨나는 살점이 거푸집처럼 무너진다
먹구름 드리운 날에는 데인 상처가
폐부 깊숙한 곳으로부터 가려워온다
눈을 감아도 불길로 솟아오르는 굳은살
불면의 어둠속에서 긁는 가려운 살갗,
한숨을 뱉어내는지 밤바람소리에
살비늘이 우수수 떨어진다.

겨우살이

동지섣달
어머니 산후조리 하던 날
진종일 불어대던 바람이 사라졌다
한기가 뼈 속으로 스며드는 밤

비릿한 홑치마 차림으로
굴참나무에 매달린 어머니

옥양목 적삼에 뜬
달의 눈 속에서 회오리치는 바람

달이 옥양목 적삼을 움켜쥔다.

현상연 | 평택 출생 | 한국 방송통신대 국어 국문학과 졸업 | 2017년『애지』로 등단 | 이메일 hyusykr@hanmail.net

루앙 대성당 외 1편

황경숙

비밀은 언제 찾아올지 몰라
빛을 만지는 순간에도

단 한 번도 본 적 없는
신의 얼굴처럼
어제 본 햇빛은 또 다른 얼굴

사물이 빛을 저항했으므로
색은 진동한다

고통은 섞을수록 어두워지고
기도는 섞을수록 환해진다

참고 견뎌 온 검은 손톱처럼
세상의 모든 색은 사물에서 생겨나
빛을 머금은 암석의 푸른 목소리를 듣는다

*밤새 악몽을 꾼 적도 있다오 대성당이 내 머리 위로 무너져 내리는데, 아 , 그것이 파란색, 핑크색, 노란색으로 보이지 않겠오? **

끊임없이 부딪히는 빛의 화살촉

수많은 감정들과 부딪치며 굴절되는 가파른 호흡

태양 없이 공중을 걸어내려 오는 빛

어두워질 때까지 구부려지기 전 가장 어두운
빛의 안쪽을 두드린다

오래 전 태어난 빛이
색을 만지는 사람의 머나먼 기도를 돕는다

* 클로드 모네Claude Monet.

외이도外耳道

음과 양이 공백기를 깨고
멀리서 온 시간

언 귀와 눈 먼 소리들이
얼었던 몸을 풀면

흩어졌던 악보들이
소리의 흉터와 부딪혀 녹아내린다

흘러내리는 음표들이
하얗고 까맣게 미래가 될 때까지

춤추고 싶은 악보들

완성되지 않은 것과
완성될 수 없는 것의

마지막 장은 어디에서 끝이 날까

별 뒤에 또 다른 별이
첫 귀를 여는 나선형의 밤

>

입 없는 목소리의
말이 들려오고

세 번째 귀는 새 봄을 의심한다

황경숙 | 2009년『애지』로 등단 | 시집『그린란드 보고서』| 이메일 dew310@hanmail.net

'애지'는 '지혜사랑'이며, 애지문학회 회원들은 이 '지혜사랑의 이름'으로 우리 한국인들을 '사상가와 예술가의 민족'으로 이끌어 나갈 고귀하고 웅대한 꿈을 간직하고 있다.『나비, 봄을 짜다』,『날개가 필요하다』,『아, 공중사리탑』,『버거씨의 금연캠페인』,『떠도는 구두』,『능소화에 부치다』,『엇박자의 키스』,『고고학적인 악수』,『혁명은 민주주의를 목표로 하는가』,『유리족의 하루』이어서 애지문학회의 열한 번째 사화집인『버려진다는 』은 절차탁마의 소산이며, 대한민국 사화집의 수준을 한 차원 높게 끌어올린 시집으로 기록될 것이다.'애지문학회'는 가장 아름답고 멋진 문학회가 될 것이며, 해마다 봄날이면, 또다른 멋진 사화집을 들고 독자 여러분들을 찾아 나서게 될 것이다. 우리 한국어의 영광과 우리 한국인들의 영광을 위하여!

애지문학회편
버려진다는 것

발　행 2017년 3월 20일
지 은 이 유계자 외
펴 낸 이 반송림
편집디자인 김지호
펴 낸 곳 도서출판 지혜
　　　　계간 시전문지 애지
기획위원 반경환 이형권 황정산
주　소 34624 대전광역시 동구 선화로 203-1, 2층 도서출판 지혜 (삼성동)
전　화 042-625-1140
팩　스 042-627-1140

이메일 ejisarang@hanmail.net
애지 카페 cafe.daum.net/ejiliterature

ISBN: 979-11-5728-224-1 03810
값 9,000원

대전문화재단 대전광역시 DAEJEON METROPOLITAN CITY

* 이 사업은 (재)대전문화재단, 대전광역시청에서 사업비를 지원 받았습니다.